ANNE

TIM

Das sind Tim und Anne. Sie leben mit ihren Eltern in einer kleinen Stadt und gehen dort in den Kindergarten. Sie machen gerne Ausflüge aufs Land oder besuchen mit ihrem Opa eine Ritterburg. In den Ferien geht es für die ganze Familie in den Urlaub. Hast du Lust, sie zu begleiten? Du kannst Anne und Tim auf jedem Bild entdecken – und noch eine ganze Menge mehr. Viel Spaß!

Der Umwelt zuliebe ist dieses Buch
auf chlorfrei gebleichtem Papier gedruckt.

ISBN 978-3-7855-6205-5
1. Auflage 2008

Inhalte aus Einzelausgaben der Reihe
Ein Bilderbuch zum Suchen und Entdecken

Umschlagillustration: Lila L. Leiber
Umschlaggestaltung: Claudia Lorenz
Printed in Spain (005)

www.loewe-verlag.de

Lila L. Leiber

Meine große Wimmelwelt

Loewe

Papa bringt Anne und Tim in den Kindergarten. Tim winkt schon von Weitem seinem Freund David zu. Der wurde heute von seinem Opa mit dem Auto hergebracht. Renate, die jeden Tag für alle Kinder kocht, trägt einen Karton voll Gemüse.
Huch, um das Plakat zu lesen, muss man ja Kopfstand machen! Ein Zirkus ist in der Stadt – Anne wünscht sich auch schon lange einen Zirkusbesuch.

B LL 308

Im Kindergarten begrüßt Anne zuerst ihre beste Freundin Claudia. Tim verabschiedet sich von Papa. Johannes hat aus der Küche Renates Trichter stibitzt. Wahrscheinlich wird er heute den ganzen Tag trompeten. Tims bester Freund David hat heimlich seine Maus mitgebracht. O Schreck, sie ist entwischt! Wo steckt sie nur?

Im Gruppenraum kann man toll spielen. Boris ist Kapitän auf dem Piratenschiff. Mann über Bord! Kapitän, wirf den Rettungsring! Anne spielt Ärztin. Da kommt schon wieder ein neuer Patient. Tatütata! Tim und David haben Vorschule. Sie lernen heute viele neue Formen und Farben kennen.

Wenn die Sonne lacht, spielen alle am liebsten draußen im Garten. Tim und David stürmen sofort zur Kinderseilbahn. Ein Mädchen hat sich das Knie aufgeschlagen, Vera kommt schnell mit dem Verbandskasten. Pass auf, Anne! Mach die Rutschbahn frei, sonst bekommst du einen Schubs! Nanu, wie ist bloß all das Sandspielzeug in der Dachrinne gelandet?

Nach dem Essen werden die Zähne geputzt. Anne schrubbt schon eifrig, Tim isst noch seine Nudeln auf. Hoffentlich vergisst Anne ihre Puppe nicht. Achtung, Claudia! Gleich gibt es eine Dusche! Nanu, was macht David im Putzraum? Hurra, er hat endlich sein Mäuschen entdeckt!

Am Nachmittag üben die Kinder ein tolles Märchenspiel ein. Darin kommen ganz viele verschiedene Märchenfiguren vor. Die anderen Kinder turnen inzwischen. Carola kann schon ganz allein Handstand machen. Anne versucht sich als Schlangenbeschwörerin, und Johannes trompetet immer noch auf dem Trichter. Das ist vielleicht ein Lärm!

CIRCUS
PEPO

HAPPY BIRT

Anne feiert am nächsten Tag ihren Geburtstag. Renate hat extra leckeren Schokoladenkuchen gebacken. Ob er dem Kasper auch so gut schmeckt? Philipp hat genug gefeiert, er baut lieber eine Burg. Da kommt auch schon Annes Mutter, um sie abzuholen. Zeit, nach Hause zu gehen.

Mama braucht Eier und Blumen vom Markt, und für Annes Lieblingskuchen möchte sie Obst kaufen. Tim und Anne lieben den Markt. Es gibt so viel zu entdecken. Anne sieht ein Mädchen weinen, weil es seinen Teddy verloren hat. Wo ist er nur? Plötzlich kippt eine Kiste Äpfel um. So ein Durcheinander!

Ute
Schmuck
Klaus Eck
Gemüse

Dann geht es noch ins Kaufhaus. Dort treffen sie Papa und Opa. Mama braucht neue Schuhe, und Papa schaut sich mit Tim ein tolles rotes Fahrrad an. Anne macht mit einem anderen Mädchen ein Stöckelschuh-Wettrennen. Opa sucht inzwischen nach einem neuen Hemd und anschließend nach einem Kuscheltier für Anne.

ab
25,-
5,-
KASSE

Zu Hause spielt Tim mit seinen Freunden Fußball. Papa steht auf dem Balkon und winkt ihm zu. Anne sitzt im Sandkasten. Wo ist nur ihre Puppe? Der Puppenwagen steht unter einem Baum, aber er ist leer. Nanu, wer versteckt sich denn da im Schrank?

Natur
Bäcker
Bäck
FRISEUR
TISCHLER
Biber & Sohn
Holz GmbH
Loewestadt

Heute nimmt Opa Anne und Tim mit in den Park. Tim hat sich ein Eis gekauft, und Opa und Anne schauen den Enten zu. Da springt ein Hund ins Wasser. Huch, jetzt ist die Zeitung von dem Mann am Ufer ganz nass geworden!

Anschließend fahren Opa, Tim und Anne mit dem Bus in die Altstadt. Opa braucht etwas aus der Apotheke. Dann wollen die drei ins Café. Auf dem Platz machen Clowns ihre Späße. Jemand verkauft Luftballons. Am Brunnen planschen Kinder. Nanu, wer hat denn da seine Schuhe ausgezogen?

Fleisc
5
H
Café
Café

Restaurant
U
ZAMBANO
NORA

An der großen Kreuzung treffen sie Mama und Papa. Tim hat sie zuerst entdeckt. Hier ist aber eine Menge los: Ein Bauarbeiter schimpft laut, ein Hund bellt. Ein Autofahrer hupt, weil ein Mann bei Rot über die Straße rennt, und der Bagger knattert. Was für ein Krach!

2
ICE
1
2
BONN
KÖLN
LOEWENSTADT

Am nächsten Tag geht es zum Bahnhof! Die ganze Familie will einen Ausflug aufs Land machen. Mama schaut vorsichtshalber auf dem Abfahrtsplan nach, damit sie auch den richtigen Zug nehmen. Tim hat sich noch etwas zum Lesen gekauft. Jetzt aber schnell einsteigen! Der Schaffner steht schon bereit.

Zuerst geht es auf den Reiterhof. Da ist richtig viel los. Anne darf das kleine Pony füttern. Vorsicht, Tim kommt auf seinem Fahrrad angesaust. Wer ist schneller: das Pferd oder das Rad? Mama ruht sich aus, und Papa schaut dem Hufschmied zu.

Nebenan wird Richtfest gefeiert. Der Grill qualmt schon. Nanu, wer schnappt sich denn da ein Würstchen? Die Musikanten spielen, und Tim tanzt mit anderen Kindern ausgelassen im Kreis. Oje, die Kuh wird sicher gleich wütend! Und wer wird da vom Schwein über den Hof gejagt?

Zur Erfrischung geht es später an den Badesee. Tim benutzt den Baum als Sprungbrett. Das gibt einen ordentlichen Platsch! Anne braucht noch Schwimmflügel zum Baden. Papa nutzt den günstigen Wind, um eine Runde mit seinem neuen Surfbrett zu drehen.

Nach einem langen Spaziergang kühlt Mama ihre Füße im Bach. Anne ist noch gar nicht müde, sie möchte noch ein paar Pilze suchen. Tim ist auch noch putzmunter und spielt gerade Torero. Puh, was stinkt denn da so? Oje, Papa ist in einen Kuhfladen getreten.

Auf dem Bauernhof im nächsten Ort gibt es einen guten Bioladen, da möchte Mama gerne Gemüse kaufen. Anne findet die kleinen Kätzchen viel spannender. Hoffentlich ist Papa schwindelfrei, was hat er denn nur da auf dem Dach vor? Nicht allen gefällt die gesunde Landluft so gut wie Tim, der es auch im Schweinestall richtig prima findet.

Am nächsten Wochenende geht es in die Berge. Gerade ist Almabtrieb. So viele Kühe! Mama und Anne sind faul und nehmen deshalb die Seilbahn. Papa und Tim haben sich Wanderstöcke geschnitzt und wollen lieber laufen.

CIRCUS
PEPO
KASSE
– 12,–

Am Abend geht es noch in den Zirkus. Die meisten Zuschauer haben sich schon ins Zelt gesetzt, aber Tim ist so gespannt auf die wilden Raubtiere, dass er sich schon vor der Vorstellung die Löwen anschaut. Der Zauberer ist ganz ratlos. Wo ist nur sein Kaninchen?

Heute ist ein schöner, sonniger Tag! Mama und Anne sitzen auf der Picknickdecke und warten dort auf Opa. Er hat eine kleine Busrundfahrt gemacht. Papa und Tim sind schon mal auf den Turm der Burg geklettert, die sie gleich besichtigen möchten.

Da ist Opa ja schon. Anne nimmt ihn gleich mit zur Zugbrücke, sie kann es kaum noch erwarten. Ob es auf der Burg richtige Gespenster gibt? Tim bewundert den tiefen Wassergraben. Ganz schön viel los vor der Burg. Und was die Besucher alles anstellen!

Zuerst geht es in eine große Eingangshalle. Huch, Anne wollte dem Ritter doch nur die Hand schütteln! Hat Tim vielleicht einen echten Geheimgang entdeckt? Und wer zwinkert denn da Opa so schelmisch zu?

Was für ein prächtiger Thronsaal! Nun hat Anne auch ein verstecktes Loch in der Wand gefunden. Na, wer hat die längere Zunge, Tim oder das Gespenst? Nanu, hat der Mann dort am Boden etwa seine Brille verloren? Mama braucht eine Pause. Sie versucht, einen freien Platz am Tisch zu ergattern.

Im königlichen Schlafsaal prasselt ein schönes Kaminfeuer, da werden selbst Gespenster müde. O weh, Mama bekommt einen ordentlichen Schreck beim Blick in den Spiegel, und Papa befreit eine kleine Maus aus den Klauen des Tigers. Gab es im Mittelalter Quietscheentchen?

Was für ein Trubel in der Küche! Tim hat sich gleich versteckt, und Anne schaut begeistert beim Grillen zu. Achtung, ihr Köche! Da will euch jemand den Schinken mopsen! Opa und Papa haben auch schon zwei frisch gebackene Brötchen stibitzt.

In der Rüstungskammer bereiten sich die Ritter auf das Ritterfest vor. Wo steckt denn Tim? Hoffentlich kann er sich wieder befreien. Armer Papa! Er hätte nicht gedacht, dass die Hellebarden so scharf sind. Gut, dass Mama gleich zu Hilfe kommt.

Im Ballsaal wird musiziert. Anne möchte auch tanzen. Ob ihr Tanzpartner sich bewegen kann, ohne laut zu quietschen? Mama und Papa legen auch schon eine flotte Sohle aufs Parkett. Was macht denn Tim da oben? Opa hat einen neuen Gegner zum Schachspielen gefunden.

Schade, nun ist die Besichtigung schon zu Ende. Dafür dürfen alle mit den Rittern feiern, und einen Feuer spuckenden Drachen gibt es auch! Guter Schuss, Papa! Tim hilft dem Koch beim Wasserholen, schließlich gab es früher noch keine Wasserhähne. Anne ruft alle zum großen Würstchenessen.

Endlich ist es soweit. Heute soll es mit dem Flugzeug in Urlaub gehen. Aber so ein Pech! Kurz vor der Autobahnausfahrt zum Flughafen ist ein langer Stau. Oje, auf der anderen Seite ist auch noch ein Unfall passiert. Der Krankenwagen ist schon da. Tim schaut sich neugierig ein Polizeiauto an.

TAXI
AUTO
L'OLILAL
1

Puh, geschafft! Auf dem Flughafen ist ganz schön viel los. Anne beobachtet, wie ein Detektiv seinen Ausweis zeigen muss. Die Sicherheitsbeamten wundern sich nämlich, dass er Handschellen in seinem Koffer hat. Huch, wer hat sich denn da eine Mumie aus dem Urlaub mitgebracht?

3027
3028
RECEPTION

Opa ist nach dem Flug ein bisschen müde. Er sitzt in der Hotelhalle und schaut den Hotelgästen aus der ganzen Welt zu. Mama und Anne lauschen dem kleinen Konzert. Tim hat seinen Lieblingsstar entdeckt und holt sich ein Autogramm. Papa bucht an der Rezeption die Zimmer.

Am Strand packt Papa gleich wieder sein neues Surfbrett aus. Vorsicht, fast hätte er Mama von der Luftmatratze gestoßen. Nanu, wer hat denn da seine Badehose verloren? Opa macht ein lustiges Urlaubsfoto von Anne mit dem Kraken, und Tim watschelt mit Flossen und Schnorchel über den Strand.

Auf dem orientalischen Basar gibt es die erstaunlichsten Dinge zu entdecken. Mama und Anne hätten auch gern so einen fliegenden Teppich. Tim hat schon seinen ersten erfolgreichen Tauschhandel gemacht. Achtung Papa, pass auf, dass du nicht vom Dromedar rutschst!

11

Herrliches Wetter für eine lustige Schifffahrt! Mit seinem Fernrohr und der Augenklappe sieht Tim aus wie ein richtiger Pirat. Mama trocknet sich ab, hoffentlich wird sie von Papas Kopfsprung nicht gleich wieder nass gespritzt. Opa kommt endlich dazu, sein Buch zu lesen. Oh, einige Passagiere können die Fahrt scheinbar nicht so sehr genießen.

Papa reitet stolz auf einem Esel. Mama winkt ihm zu, sie schaut sich die Theateraufführung im Amphitheater an. Anne spielt mit dem Hirtenjungen und dem kleinen Lämmchen. Ist die Fackel, die der Jogger da trägt, etwa das olympische Feuer? Aua! Der Esel kneift einer Touristin in den Po!

Ab ins Erlebnisbad! Tim saust über die große Wasserrutsche und winkt Anne zu. Die hat wieder ihre schönen orangefarbenen Schwimmflügel um und geht ins Kinderbecken. Aber Tim, das ist doch keine Badekappe! Opa duscht sich, er will zum ersten Mal in seinem Leben vom Dreimeterbrett springen.

Zum krönenden Abschluss gehen Anne, Tim, Mama, Papa und Opa alle zusammen auf den großen Rummel. Tim ist mutig und möchte Geisterbahn fahren. Mama hat Lebkuchenherzen gekauft, und Opa schenkt Anne einen großen Teddybären.

Auch im Winter haben Anne und Tim viel Spaß. Es hat geschneit, und Anne saust mit Mama auf dem Schlitten den Hügel hinunter. Huch, Papa sitzt gleich in der Tanne. Tim spielt Eishockey. Das war aber ein toller Schuss! Nachher gibt es in der Hütte warmen Tee und Kuchen.

Jetzt hast du gemeinsam mit Tim und Anne schon allerhand entdeckt. Aber auf den bunten Bildern gibt es noch viel mehr zu sehen! Findest du es?

Auf der Burg wohnt ein kleines geringeltes Kätzchen. Findest du es? Wenn du gut suchst, kannst du es auch noch auf einigen anderen Seiten entdecken.

Anne nimmt, so oft es geht, ihre Puppe mit. Schau nach, wo du sie überall entdecken kannst.

Schau dich mal genau im Kindergarten um. David hat sein Mäuschen dabei, doch es ist ihm entwischt. Hilf ihm suchen!